Emotion kontrollieren

Erkennen und begreifen von Gefühlen

Sie beschäftigen sich mit der Psychologie? Eine kleine Geschichte zu den Wörtern der Psyche!

Die Seele. Aus dem alt germanischen abgeleitet, die aus dem Wasser kommende.

See gleich Wasser. Le gleich kommend.

Psyche: aus dem altgriechischen abgeleitet, bedeutet, das Innere des Korns. Das woraus Baguettbrot gebacken wird.

Das Korn, das Jahre, vielleicht Jahrhunderte in der Wüste liegt, wenn Wasser drauf fällt entsteht das Leben, nämlich eine Pflanze.

Die Psychologie beschäftigt sich mit den Gefühlen. Das lateinische Wort für Gefühle lautet Emotionen.

Wir denken, dass unsere Gedanken, unsere Logik uns leitet.

Doch unterbewusst bzw. unbewusst leiten uns die Emotionen bzw. Gefühle.

Die zwölf reinen Gefühle:

Positive		Negative
Liebe	-	Hass
Freude	-	Trauer
Mut	-	Angst
Wohl sein, schmerzlos	-	Schmerz
Gelassenheit	-	Wut
Lust	-	Leid

(vergleiche Hubertus ihn, Theorie der Emotion, Amazon, Kindle, 2013)

Diese zwölf eine Gefühle sowie die gemischten Gefühle, wie Ärger, Zwang, Unruhe, Depression, manische Emotionen usw. steuern unbewusst unsere Gedanken und unser Verhalten.

Wir denken wir handeln logisch, wägen Vor- und Nachteile ab.

Doch unsere Zwänge, Ängste, Hoffnungen und Triebe übernehmen das Kommando.

Neuerdings soll die Glücksforschung (Professor Seligmann) ehemaliger Vorsitzender der American Psychologycal Association und das positive Denken uns den Weg weisen.

Das griechische Wort für Glück ist Eudämonie. Übersetzt man es direkt aus dem griechischen, so bedeutet es, einen guten Zugang zu den Mittlern zwischen der höheren Welt und den Menschen zu haben. Eu bedeute gut. Die Dämonen, direkt aus dem griechischen übersetzt, bedeutet Mittler zwischen der höheren Welt und den Menschen.

Die Mittler zwischen den Menschen und der höheren Welt sind die Gefühle.

Habe ich die richtige Entscheidung getroffen, so fühle ich mich wohl, habe keine Ängste, keine Niedergeschlagenheit und bin nicht traurig oder ärgerlich.

Ich bin zufrieden, freue mich und sonne mich im Dasein.

Ich selber war bis zu dem 30. Lebensjahr manisch depressiv. Entweder war ich völlig aufgedreht und lustig. Ich wurde auf jeder Party als Entertainer eingeladen. Oder ich wollte niemanden sehen und die Niedergeschlagenheit ergriff mich.

Ich konnte weder bei andern noch bei mir die Gefühle erkennen! Ich hatte also keine Wörter bzw. Begriffe für die Gefühle oder Emotionen. Medikamente habe ich nie genommen. Angst kannte ich nicht. Menschliche Gefühlszustände konnte ich auch außerhalb von mir nicht erkennen.

Dafür hatten selbst die alten Griechen ein Wort. Sie bezeichnen solche Menschen wie mich, als Alogothymiker. Sie haben sicher dieses Wort noch nie gehört. Mir ging es ebenso.

Das griechische Wort Thymus bedeutet Gefühl oder Emotion (lateinisch).

Logo bedeutet das Wort.

A bedeutet kein oder nicht.

Der Alogothymiker ist diejenige Mensch, der keine Wörter für die Gefühle oder Emotionen kennt.

Ich denke, dass alle von ihnen Gefühle bei anderen erkennen, wenn auch nicht alle und auch nicht immer. Es kommt sicher auf die Stärke der Gefühle an, die den andern oder Sie selbst bewegen.(Siehe Film auf Youtube)

Erkennen Sie Ihre eigenen Gefühle? Werden sie Ihnen bewusst? Wird ihnen bewusst was sie bewegt? Können Sie erkennen, wie ihre Gefühle ihre Gedanken, ihr Verhalten und ihre Handlungen beeinflussen? Zum Teil sicherlich, insbesondere wenn die Emotionen sehr stark sind. Aber vieles bleibt Ihnen verborgen.

Sie kaufen sich etwas. Sie gehen zur Arbeit. Sie schauen fern und hören Musik. Sie unterhalten sich und treiben Sport. Sie sind damit zufrieden? Sie fühlen sich wohl? Die Freude begleitet Sie und sie leben in einer wunderbaren Welt.

Sie wollen nicht Ihre Welt bewahren? Sie denken nicht, dass diese oder ihre Welt nicht gut ist oder bedroht wird? Sie sind glücklich und zufrieden und das wird auch so bleiben? Solche Gedanken kommen Ihnen nicht? Und wenn Ihnen diese Gedanken doch kommen und Sie davon beherrscht werden.

Sie sehen sich keine Krimis, politischen Talkshows, Fantasyfilme, politischen Dokumentarfilme, Sportreportagen und die Horrornachrichten an? Sie versichern sich nicht und häufen kein Geld an? Nun, dann spielen Ängste und Zwänge bei den meisten von ihnen keine Rolle.

Wenn doch, denken Sie einmal über ihr Verhalten nach! Wie häufig denken Sie über negative Dinge nach und wie häufig denken Sie über positive Dinge nach? Führen Sie, Sie erfreuende Themen und Unterhaltungen oder sind es eher problematische Themen, die sie mit andern führen? Ist es eher etwas belangloses, wie Sport, das Wetter oder was habe ich gerade gemacht oder werde ich tun?

Wenden Sie sich eher der Freude zu oder mehr den Problemen und den unangenehmen Dingen, die ihnen widerfahren? Sind ihre Themen bezogen auf die Vergangenheit oder Zukunft? Dann beschäftigen sich ihre Gedanken nicht mit der Gegenwart. Nicht mit dem was sie möglicherweise erfreuen könnte. Obwohl zukünftige oder vergangene Themen, sie auch erfreuen werden.

Fallbeispiel

Mittwoch 12. Dezember 2014, 11:00 Uhr abends

Wir sitzen nach einem langen Strand- und Stadtgang durch Legian in unserem Hotel, Kumala. Nach fünf Tagen auf Bali treffen wir den ersten Deutschen, langhaarig, Fritz aus Wetzlar, Hesse.

Fritz redet unablässig und meint, man solle ihn nicht unterbrechen.

Seine erste Geschichte handelt von der Ankunft auf dem Flughafen von Bali. Der Zoll hat ihn auseinandergenommen. Wütend berichtet er in allen Details darüber, dass man ihn durchsucht hat, inklusive Leibesvisitation und ihm den Finger in den Hintern steckte, um nach Drogen zu suchen.

Nach langen Ausführungen schließlich und endlich landet er mit zwei Polizisten im Krankenhaus und sein Magen wird geröntgt. Man gibt ihm kein Wasser und das geschlagene 4 h lang. Nach 4 h landet er mit seinem Gepäck vor dem Krankenhaus und die Bullen fahren davon.

Man hat keine Drogen gefunden. Lange Haare und Haschisch an den Fingern, die gescannt wurden, hatten ihn in diese Lage gebracht.

Weitere am Band laufende Ausführungen ergossen sich über uns, angefangen von seinen Tauchgebieten, indische Schulen die er aufgebaut hatte und schließlich das Thema Adam und Eva und warum wir aus dem Paradies vertrieben wurden und nebenbei das Thema, das 7 Milliarden Menschen die Erde ruinieren.

Und jetzt wird es spannend! Warum sind wir alle unglücklich, aus dem Paradies vertrieben? Weil, so meint er, wir gut und böse seit Adam und Eva unterscheiden, was es eigentlich nicht gibt.

Aha!!!

Jetzt allerdings kommt die Krönung!

Sein Guru, übrigens nicht ein Guru, hat ihm für viel Geld gesagt: Wir sind nicht glücklich, weil wir nicht in der Gegenwart leben!

Aha!!!

Die anderthalb Stunden, die er auf uns einredete, aber nicht mit uns redete, da wir kaum zu Wort kamen, beschäftigten sich zu 99 % mit der Zukunft oder Vergangenheit, mit den Themen: Tauchgebiete, Indien und den schlechten Aussichten der Gattung Mensch.

Der Guru hatte das schnell erkannt, ihm viel Geld abgeknöpft und ihm gesagt, er soll in der Gegenwart leben, was Fritz nicht begriffen hatte. Aber er fährt wieder zu seinem Guru.

Guten Morgen liebe Sorgen, seid Ihr wieder da. Na dann ist für den Guru alles klar!

Das Hauptgefühl, was allen Themen zu Grunde lag, war die Wut. Das zweite Gefühls die Angst vor der Zukunft und im Hintergrund lauerte die Trauer.

So gut wie alle geäußerten Gedanken wurden hauptsächlich von der Wut und in diesem Fall von ihren beiden kleinen Brüdern, der Angst und der Trauer gesteuert.

Wie werde ich meine Zwänge los?

Wie werde ich meine Depressionen und meine Trauer los?

Wie bewältige ich meine Unruhe?

Wie viele Zeiten habe ich, in denen ich traurig, wütend oder ängstlich bin?

Wie kann ich meine Traurigkeit, meine Zwänge und meine Unruhe loswerden oder behalte ich diese auf Ewigkeit?

Bin ich nur so ein Typ, haben mich meine Eltern so gestrickt, bin ich so geworden, hat mich meine Arbeit zu dem gemacht was ich bin oder kann ich ein anderer Mensch werden, der sich freut, der mutig ist?

Also zusammengefasst: ein heeres Wort – kann ich glücklich werden?

Ja, ich kann glücklich werden, indem ich einen Zugang zu meinen Gefühlen erhalte. Wenn ich diese erkenne, wenn ich erkenne, dass andere Menschen Emotionen auf mich übertragen, die ich gar nicht haben will und in mir Unruhe erzeugen, meine Ängste antreiben und mich traurig machen.

Hier lernen Sie eine Anleitung in mehreren Schritten kennen. Auf was müssen sie achten. Wie erreichen Sie es, ihre Gefühle zu erkennen und zu beeinflussen.

Der komplizierte Weg ist der Yogi-Weg, der Meditationsweg...,den können Sie selbstverständlich wählen, aber dieser ist lang andauernd, macht den Guru reich und führt zu eingeschränkten Ergebnissen.

Anleitung

Um erste Schritte zu unternehmen und sich seiner Gefühle bewusst zu werden, ist der folgende Ablauf von Vorteil.

Stellen Sie sicher, dass sie möglichst ruhig und entspannt sind. Ebenso ist eine ruhige und für Sie wohltuende Umgebung von Vorteil.

Wenn Sie geübt sind, können Sie den folgenden Ablauf auch während eines Gespräches oder in jeder Situation durchführen.

Von Vorteil ist es, wenn Sie den Vorgang nach einer Entspannungsübung, Yoga oder Meditation beginnen.

Sind Sie bereits geübt in dem Erkennen von Gefühlen, stellen Sie als erstes fest, in welchen gefühlsmäßigen Zustand Sie sich befinden? Sind Sie eher ernst, erschöpft, dynamisch oder relaxt. Spüren Sie Angst, Freude, Mut oder Trauer usw. Erst dann leiten Sie den oben genannten Prozess ein.

Sind sie nicht geübt, beginnen Sie hier.

Erstens, mit welchen Gedanken beschäftigen sie sich im Moment?

Negative, problembehaftete, positive, vergangenheits-, zukunfts- oder gegenwartsorientierte Gedanken?

Zweitens, prüfen Sie, welche Gefühle sie hinsichtlich dieser Gedanken haben

Sind es ernste, freudige, ängstliche Gedanken, fühlen Sie sich niedergeschlagen, machen sie die Gedanken unruhig oder ist ihr Zustand eher unruhig.

Um die Verbindung von Gedanken und Gefühlen zu erkennen, ist es am einfachsten, in einem

Gespräch oder nach einem Gespräch, den prozentualen Anteil von negative, problembehafteten, positive, vergangenheits-, zukunfts- oder gegenwartsorientierten Gedanken zu ermitteln.

Geübte, psychologisch bewanderte sind in der Lage festzustellen, ob es sich um Angst besetzte, depressive, manische, freudige, traurige, liebevolle, hasserfüllte, schmerzliche, wütende usw. Themen handelt. Das ist insbesondere dann interessant, wenn die dahinterstehenden Gefühle nicht stark sind sondern häufig unterdrückt und einen schwachen Charakter haben.

Drittens, versuchen sie festzustellen, welchen Einfluss diese Themen, Gedanken und die sie umgebenden Menschen, auch wenn sie nichts sagen, auf ihre Gefühle haben?

Weitere Kriterien, um festzustellen wie Gefühle bei Ihnen erzeugt werden oder welche Gefühle der Gesprächspartner hat sind: Der Ton, die Mimik, die Gestik, Beziehungsaussagen wie gut, schön und schlecht, abwertend oder ist das Gespräch

von sachlichen Inhalten bestimmt.

Die meisten Gespräche sind von sachlichen Inhalten bestimmt. Hier ist es wichtig, die gefühlsmäßige Färbung zu bestimmen. Steckt dahinter Angst, Zwang, Mut, Liebe, Hass, Trauer, Freude usw.

Keine Angst vor negativen Gefühlen

(Negative Gefühle sind die Schatten der positiven Gefühle, die uns durchs Leben treiben und unsere Entscheidungen und unser Wohlbefinden bestimmen. Eine Lichtung in den Wald des Bewusstseins schlagen, Heidegger.

Positive Gefühle haben tendenziell wohlfühlenden Charakter. Negative Gefühle haben eher warnenden Charakter.

Wir sind der Meinung, unser logisches Bewusstsein weist uns den richtigen Weg durch das Leben. Ab und zu insbesondere bei zentralen und schwierigen Entscheidung kommen uns Zweifel ob der Weg, den wir einschlagen wollen, der richtige ist. Wir kommen ins grübeln. Gehen die Alternativen durch, wägen Vor- und Nachteile ab und sind uns unsicher, ob die mit der Logik gewählte Alternative, die optimale ist. Wir operieren mit den Begriffen, das Glas ist halb voll oder halb leer. Mit optimistischen oder pessimistischen Sichtweisen oder meinen, eine vermeintlich realistische Entscheidung zu treffen.

Der eine oder andere versucht mit dem Bauch bzw. den Gefühlen der Richtigkeit der Entscheidung nachzuspüren. Folge nur deinem Herz und den Gefühlen! Was liebe ich, wozu habe ich einen Zuneigung, was würde mir Freude bereiten? Womit hatte ich Erfolg? Womit bin ich gescheitert?

Im Alltäglichen arbeiten wir mit den Begriffen, Zu- und Abneigung oder was ist mir sympathisch oder unsympathisch. Diese Prozesse laufen häufig unbewusst und sekundenschnell ab. Selten treten diese Prozesse in das reflexive Bewusstsein ein.

Äußere Zeichen, wie Kleidung, Auftreten, Körpersprache, Mimik, Tonlage usw. beeinflussen dabei unsere Bewertungen sympathisch oder unsympathisch bzw. Zuneigung oder Abneigung.

Schon bei diesen an der Oberfläche liegenden, gemischten Gefühlen laufen unbewusste Prozesse ab. Geht man etwas tiefer, kann man mit Levi Strauß sagen:" Ich fühle mich wie eine Straßenkreuzung auf der etwas passiert, ich weiß bloß nicht warum?"

Tieferliegende reine Gefühle, wie Liebe und Hass, Trauer und Freude, Angst oder Wut entziehen sich durch Tabuisierung oder mangelnder Erfahrung unserem Bewusstsein.

Sie repräsentieren sich mittels Träumen oder beim Hellsehen durch Bilder und sind meistens dem Bewusstsein nicht zugänglich.

Wir wollen uns gut, positiv und glücklich fühlen! Trauer, Angst und Wut sind sozial nicht akzeptiert, stören unser Wohlbefinden und werden verdrängt. Sie sagen uns aber, dass etwas falsch läuft. Sie erreichen unser Bewusstsein nicht und wir können diese

Gefühle nicht nutzen.

Wir geraten in depressive, manische und zwanghafte Zustände, schlimmstenfalls Psychosen und Neurosen. Unzufriedenheit, Hektik und Zeitnot breiten sich aus. Wir halten das für normal, weil unsere Umgebung es erwartet und sich in der gleichen Weise verhält.(Genormte Gefühle)

Mit Entspannungstechniken, Meditation, Unterhaltung, Konsum usw. versuchen wir wieder unsere Mitte zu erreichen. Trotzdem verbleibt ein schales, ungelebtes und unzufriedenes Gefühl, dass wir versuchen zu überspielen. Wir hoffen, dass es besser wird oder dass es unseren Kindern besser gehen wird. Wir finden uns damit ab, auch deshalb, weil es anderen ebenso geht. Das Leben ist kein Rosengarten und wenn doch, mit Dornen. Ist es aber wirklich so?

Wie bestimmen unsere Wahrnehmungskanäle unsere Gefühle und umgekehrt, wie bestimmen unsere Gefühle unsere Wahrnehmungskanäle?

Welche Ausrichtung haben wir hinsichtlich des visuellen, auditiven und haptischen?

 Welcher Typ sind wir?

Welche Kanäle nutzen wir hauptsächlich?
Können wir das nicht riechen?

Schmeckte uns etwas nicht?

Durch diese Fragen und denen von uns verwendeten Worten können wir näher an unsere tieferen Gefühle herankommen. Dann bewegt sich emotional etwas.

Die drei Affen: Nichts hören, nichts sehen und nichts fühlen sind das Gegenteil. Der erste Schritt zur Schizophrenie bzw. zur Entfremdung.

Können wir durch das bewusste Ein- und Ausschalten unserer Wahrnehmungskanäle näher an unsere tieferen, reinen Gefühle aber auch negativen Gefühle herankommen?

Welche Gefühle spielen im Alltäglichen eine große Rolle? Eher positive oder eher negative Emotionen?

Welche Gefühlstyp sind wir? Der sich freuende, liebevolle, der mutige oder eher der ängstliche, melancholische und misstrauische Mensch?

Gefühle, Emotionen und Gemüt

In diesem Zusammenhang sind zu unterscheiden: Gefühl, Emotion und Gemüt. In der deutsche Sprache werden Gefühle und Emotionen im alltäglichen als auch im psychologischen gleichgesetzt. Begrifflich muss die Emotion und das Gefühl getrennt werden. Durch den Satz, ich habe das Gefühl, wird deutlich, dass ich etwas fühle. Dieses fühlen kann sich in der Wahrnehmung auf von außen kommende Emotionen und innerliche Gefühlszustände (Emotionen) beziehen.

Welche Emotionen sind in der Umwelt bzw. bei anderen Menschen vorhanden?

Oder welche emotionalen Zustände habe ich innerlich?

Mit dem Gefühl kann ich den innerlichen oder äußerlichen Emotionen nachspüren.Emotion (lateinisch) bedeutet aus der Ruhe heraustreten. Der Grundzustand des Gefühls bzw. der Gefühle ist die Ruhe. Tritt das Gefühl aus der Ruhe heraus, erscheinen die Emotionen. Wut, Freude, Trauer, Angst usw.

Gefühl und Gemüt wenn in der griechischen Sprache als Thymus bezeichnet. Wie wir Gefühle und Emotionen begrifflich trennen müssen, so ist es auch notwendig Gefühl und Gemüt begrifflich zu trennen.

Gemüt bezeichnet Grundzustände der Beweglichkeit des Gefühls. Während Emotion die Ausprägungen des Gefühls bezeichnen, wie Wut, Angst, Trauer, Schmerz usw.

Gemütszustände und – typen

Gemüt ist abgeleitet von Mut. Gemütlichkeit bedeutet Behaglichkeit. Platon unterteilt im Phaidros, die Seele: In Gemüt (Thymos) und Trieb.

Adjektive für das Gemüt sind: Sonnig, schlicht, sensibel, heiter, kindlich, sanft, empfindsam. (Duden, computergeneriert), erregte Gemüter, aufs Gemüt schlagen – jemanden deprimieren(Duden im Internet).

Hinzuzufügen sind: Reizbares, phlegmatisches, ruhiges und energisch, stabiles Gemüt, (vgl. Clausewitz unten), sehr regsam (beweglich), wenig regsam (unbeweglich)

Clausewitz: Das starke Gemüt kommt nicht aus dem Gleichgewicht.

4 Gemütstypen nach Clausewitz (vgl. Wikipedia):

Wenig regsam: Phlegmatisch

Sehr regsam: Menschen deren Gefühle nie eine gewisse Stärke übersteigen – Gefühlvolle, ruhige Menschen

Sehr reizbar: Gefühle entzünden sich schnell und heftig wie Pulver, sind nicht dauerhaft

Die Gefühle kommen nur langsam in Bewegung, können große Gewalt annehmen und sind andauernd: Diese Menschen sind energisch mit tief versteckt liegenden Leidenschaften (Gefühlsmäßig geprägter Charakterstruktur).

Menschen mit schnell wechselnden Gefühlszuständen werden in der Psychopathologie mit dem Wort Borderline Syndrom bezeichnet.

Gelassenheit

In der Übersicht der zwölf reinen Gefühle ist als Gegensatz zur Wut, die Gelassenheit definiert. Gelassenheit wird im griechischen als Ataraxie, was direkt übersetzt, Nicht - Unruhe also Ruhe bedeutet.

Die Ruhe des Gefühls ist sein Grundzustand, demzufolge keine Gefühlsregung und damit keine Emotion aus der Ruhe heraustritt. Der Ruhezustand kann sicherlich gefühlt werden, ist dennoch keine Emotion im Sinne des Heraustretens. Nach langen Überlegungen und Diskussionen bin ich zur Überzeugung gelangt, dass die Gelassenheit nicht nur Ruhe bedeutet, sondern *das sein lassen*, beinhaltet.

Wenn sich etwas nicht bewegt (in Ruhe ist), sich dennoch bewegt, so scheint das im ersten Moment ein Gegensatz zu sein.

Wenn das Heraustreten aus der Ruhe nicht in eine emotionale Form, ein reines Gefühl, wie Wut, Angst, Freude, Liebe, Trauer usw. gegossen wird, sondern frei durch die Gefühle schwingt also das Gefühl gelassen wird, bezüglich seiner Schwingungen, dann handelt es sich um eine Form von Gelassenheit.

Einerseits lässt sich die Gelassenheit mit dem Satz, dem kaum merklichen Lächeln des Buddha, bezeichnen andererseits ist das Schwingen des Gefühls durch Ausgelassenheit, fröhlich, lustig, beschwingt, die Stimmung schlägt hoch und mit schöpferisch bzw. kreativ zu bezeichnen.

Der Gegensatz von Wut ist etwas fahren lassen. Sich nicht so betreffen lassen sondern munter darüber hinweggehen. Einen Wütenden wird dies häufig noch wütender machen.

Möglicherweise ihn irritieren.

Bei Kindern, die den Gefühlen in der Regel näher sind als die Erwachsenen, ist das gut zu beobachten. Von einer Wut wechselt das Kind sehr schnell in eine fröhliche, heitere oder begeisterte Stimmung. Die Wut ist blitzschnell vergessen. Das Kind ist wieder ausgelassen. Ein umgekehrtes Verhalten von der Heiterkeit in die Wut ist ebenso möglich.

Zusammenfassend ist das Gegenteil der Wut, die beschwingte, heitere und harmonische Gelassenheit.

Wenn sich dieser Zustand der beschwingten, heiteren und

harmonischen Gelassenheit als Charaktereigenschaft stabilisiert, ist das als Gemütszustand zu bezeichnen. In der Kategorisierung von Kretzschma heißt das sanguinisch.

Das Gegenteil ist die cholerische, wütende Charakterstruktur oder Gemütsverfassung zu sehen.

In diesem Zusammenhang gibt es weiterhin, die traurige, melancholische, depressive und phlegmatische Charakterstruktur.

Phlegmatisch kann als gebremstes,

cholerisch als aufbrausendes

und sanguinisch, als heiter beschwingtes Gemüt angesehen werden.

Die Gelassenheit äußert sich bei Erwachsenen in verschiedenen Formen.

Die heitere beschwingte Gelassenheit

Die bewölkte und verdunkelte Gelassenheit (In der Musik Moll)

Die ernste Persönlichkeit, die unbewusst die Gefühle versteckt (Äußerlich gelassene Persönlichkeit)

Die Gelassenheit, die bewusst, die Gefühle kontrolliert und versteckte (Diplomatisches Verhalten, Coolness). Die gespielte äußerlich gelassene Persönlichkeit.

Persona aus dem lateinischen übersetzt, bedeutet Maske. Die beiden letzten genannten Formen sind als maskierte

Gemütszustände der maskierte Gelassenheit aufzufassen.

Es wird etwas kompliziert. Die vier Formen der Gelassenheit können alle in maskierter Form auftreten. Es gibt allerdings einen Unterschied.

Die beschwingte und bewölkte Gelassenheit lässt Gefühle zu. Der Mensch arbeitet mit diesem Gefühlen und zeigt diese nach außen. Dieser Prozess benötigt Energie. Das ist das Repertoire der Schauspieler.

Die bewusst oder unbewusst versteckte Gelassenheit benötigt zwar auch Energie für seine Unterdrückung. Sie ist weniger energieintensiv.

Anm.: Meiner Meinung nach ist die Maskierung des Gemüts, der in der Öffentlichkeit stehenden Personen und der Schauspieler eine Ursache für den verstärkten Drogenkonsum dieser Gesellschaftsgruppen.

Die ständig verfälschten Gefühlszustände und Maskierung des Gemüts treiben den Menschen aus seiner Mitte, überfordern ihn und sind mit einem hohen Energieverbrauch verbunden. Um die Mitte wiederzufinden, sich wieder schnell aufzuladen und die Maskierung aufrecht zu erhalten, werden Drogen eingenommen.

Das Gefühl der Wut und seine Ausprägungen

Ähnlich wie Trauer, Freude und Angst, ist das Wort Wut unter Google nicht zu finden. Es werden solche Worte wie Wutbürger genannt. Unter Wikipedia ist die Wut nicht ausführlich behandelt.

Aus dem altdeutschen könnte man die Wut mit dem Gott Wotan zusammenbringen. Wuotan - der Wütende.

Die Wut ist verbunden mit den Gefühlen, Aggressionen, Ärger, Zorn, Brass und Rage (Furore, was soviel aus dem italienischen übersetzt bedeutet, wie rasender Beifall oder großes Aufsehen erregen).

Wut nimmt man persönliche, während sich Zorn über etwas entwickelt.

Ärger oder Zorn sind gedanklich verbundene Gefühle. Wut, Brass und Rage (Furore) sind reine Emotionen, die nicht mit den Gedanken verbunden sind.

In diesem Zusammenhang weise ich darauf hin, dass die reinen Emotionen, nicht oder nur wenig mit den Gedanken und dem Körper verbunden sind. Reine Emotionen, repräsentieren sich nicht in den Gedanken oder und dem Körper.

Zusammenhang mit der Liebe ist das am besten zu verdeutlichen. Drei Arten der Liebe sind zu unterscheiden.

Die **körperliche Liebe** oder sexuelle Liebe.

Die geistige oder platonische Liebe, die sich auf Gemeinsamkeiten der Gedanken und Interessen stützen (**Gedankliche Liebe**).

Die **reine emotionale Liebe**. Vater Liebe, Kinder Liebe, Liebe zu einem Freund, Liebe zur Welt usw.

Die **gedankliche Wut** wird als Zorn bezeichnet und sicherlich ist der Ärger ebenso gedanklicher, emotionaler Natur.

Die **körperliche Wut,** wie die körperliche Liebe, lässt sich am besten charakterisieren durch: Sie war rot vor Wut oder er war bleich vor Wut oder die kalte Wut. Ein rotes oder bleiches Gesicht kann ein Zeichen für Wut sein. Ein bleiches Gesicht kann ebenso mit dem Gefühl der Angst verbunden sein. Ein rotes Gesicht zeigt Scham oder Aufregung an. Die starken Gefühlsregungen der Wut wirken sich körperlich auf das Kreislaufsystem aus. Das Blut schießt aufgrund der Erregung in das Gesicht oder bei bleichem Gesicht, entweicht das Blut aus dem Gesicht. Eine Art Starre oder Schock lässt das Blut nicht mehr fließen.

Die körperliche Wut äußert sich häufig durch brüllen, geballte Fäuste, starke körperliche Bewegungen, schlagen und treten.

Bleibt die Wut durch Kontrolle bewusst oder unbewusst versteckt, so ist sie, nur durch eine leicht angedeutete wütende Mimik oder Körperhaltung, äußerlich wahrnehmbar oder so gut versteckt, dass die unterdrückte Wut nicht zu sehen ist. Gelingt es dem Menschen, sei es bewusst oder unbewusst, die Wut so zu unterdrücken, dass keine körperliche Reaktion sichtbar ist oder innerlich auf den Körper übergreift, so handelt es sich um die **reine Wut.**

Bücher - und E-Bookliste, Hubertus Ihn, unter Amazon,
Kindle zu finden

Sammelband Gefühle

Weitere E-Books:

Trauer

Angst

Wut

Freude

Theorie der Emotionen,

Theorie der Kognitionen,

Theorie des Bewusstseins

www.ingramcontent.com/pod-product-compliance
Lightning Source LLC
Chambersburg PA
CBHW071351310526
45790CB00018B/1412